NOTICE

SUR

LES TRAVAUX

DE M. ALEXANDRE VÉZIAN

DOYEN DE LA FACULTÉ DES SCIENCES DE BESANÇON.

NOTICE

SUR LES TRAVAUX

DE M. ALEXANDRE VÉZIAN

DOYEN DE LA FACULTÉ DES SCIENCES DE BESANÇON.

PRODROME DE GÉOLOGIE.

Le PRODROME DE GÉOLOGIE a été publié par fascicules pendant les années 1863, 1864 et 1865 ; il forme trois volumes de près de 700 pages chacun.

En publiant cet ouvrage, l'auteur a voulu contribuer à vulgariser la géologie en faisant connaître son but, sa méthode et son véritable caractère. Il a voulu aussi enlever aux diverses théories dont l'ensemble constitue cette science ce qu'elles ont de contradictoire et en dégager une synthèse générale. Il se plaît à croire que celui qui aura lu attentivement le Prodrome de Géologie y aura trouvé plus d'une idée neuve à l'époque de sa publication ; il serait injuste de considérer cet ouvrage comme un simple travail d'érudition.

Voici d'ailleurs comment Elie de Beaumont s'exprimait en présentant ce livre à l'Académie des sciences (séance du 15 avril 1867) :

« Cet ouvrage est le fruit de plusieurs années d'un travail continu ; il renferme, outre les idées propres de M. Vézian, un résumé de toutes les théories dont l'ensemble constitue la science géologique. En essayant de mener à bonne fin cette entreprise, l'auteur a toujours eu présentes à l'esprit les paroles de Bacon qu'il a placées pour épigraphe en tête du second volume : « La théorie se forme et se soutient par » l'appui mutuel de toutes ses parties comme une voûte par » les pierres qui la composent. » Dirigé par un esprit éclectique, M. Vézian a su réunir méthodiquement, dans un style toujours lucide et dans un ordre toujours facile à saisir, un grand nombre d'aperçus originaux aux résultats d'une lecture très étendue. »

THÈSES, MÉMOIRES, NOTICES SCIENTIFIQUES.

Note sur les systèmes de fracture du Pic de Saint-Loup, près de Montpellier (Mémoires de l'*Académie des sciences et lettres* de Montpellier).

Cette note, faite en collaboration avec Marcel de Serres, a été communiquée à cette Académie dans sa séance du 13 juin 1853; elle n'a qu'une minime importance; l'auteur la mentionne surtout parce qu'elle a été le point de départ dans sa carrière scientifique.

Note sur la structure géologique du Larzac (Mémoires de la même Académie, séance du 16 janvier 1854),

---

Le Terrain post-pyrénéen des environs de Barcelone et ses relations avec les formations correspondantes de la Méditerranée (Thèse de géologie pour le doctorat ès sciences naturelles soutenue en 1856 devant la Faculté des sciences de Montpellier). Ce travail est le premier qui ait été publié sur la géologie de la contrée; il est accompagné d'une carte géologique dressée par l'auteur.

Mollusques et zoophytes des terrains nummulitique et

miocène des environs de Barcelone (Thèse de zoologie pour le doctorat; 1856). Cette étude forme le complément du travail précédent.

Essai d'une classification des terrains compris entre la craie et le terrain miocène exclusivement (*Bull. Soc. géol., avril 1858*). Cette note a été écrite à l'époque où les géologues discutaient encore sur les relations existant entre le terrain nummulitique méditerranéen et la formation éocène du bassin de Paris.

Note sur les mouvements généraux de l'écorce terrestre (*Comptes-Rendus de l'Académie des sciences, séance du 30 avril 1860*).

Dans cette Note, l'auteur essaie de classer les mouvements de l'écorce terrestre d'après leur mode de manifestation. Il distingue : 1° le mouvement d'intumescence, affectant de larges surfaces, se manifestant avec lenteur et agissant dans le même sens pendant plusieurs périodes consécutives; 2° le mouvement oscillatoire, présentant les mêmes caractères que le précédent, mais agissant tantôt dans un sens, tantôt dans un autre, de manière à abaisser et à soulever alternativement le sol d'une même contrée; 3° le mouvement orogénique, soumis à des alternatives de repos et d'activité, se manifestant avec violence et dans des directions linéaires. De ces trois mouvements, le premier préside à l'édification des massifs montagneux et des continents, le second aux périodes d'émergement et d'immergement que présente l'histoire géologique de chaque région, le troisième à la formation des chaînes de montagnes.

La Terre, séjour de l'homme (*Revue européenne, t. IX,*

1860). Article écrit à l'époque où la question de l'homme préhistorique commençait à attirer l'attention du monde savant.

Rapport sur les mines de plomb, cuivre et zinc, des environs de Zell sur Moselle (Prusse rhénane); 1870. Ce travail est accompagné d'une carte et de coupes indiquant l'allure et la direction des filons à la surface du sol et en profondeur.

Recherche de la Houille dans la zone morvando-vosgienne. Série de cinq articles publiés d'abord, en 1873, dans le journal *La Houille*, réimprimés ensuite à part.

Dans ce mémoire, l'auteur indique d'abord quelles étaient, pendant la période houillère, la constitution topographique de la France et la manière dont les bassins houillers s'y trouvaient répartis. Il essaie ensuite de démontrer l'existence d'une succession de gisements de houille le long d'une zone qu'il désigne sous le nom de *zone morvando-vosgienne*, zone qui s'étend depuis le bassin de Ronchamp jusqu'à ceux de Saône-et-Loire.

La France au point de vue géologique et historique (Lecture faite dans une séance publique de la Société d'Emulation du Doubs, en 1874).

L'auteur montre comment la France s'est constituée par des annexions successives qui se sont effectuées autour de deux centres d'attraction : le plateau central au point de vue géologique, Paris au point de vue historique.

La Période glaciaire falunienne (*Revue scientifique, 19 avril 1876*).

Dans cette Étude, l'auteur énumère les divers témoignages d'une grande extension des glaciers survenue vers le milieu de la période miocène ; ces témoignages s'observent notamment dans les Alpes et les Pyrénées.

Les Périodes glaciaires et les causes de leurs apparitions successives (*Revue scientifique, 2 décembre 1876*).

Après avoir rappelé que, pendant les temps géologiques, des périodes glaciaires se sont succédé à des intervalles inégaux, l'auteur recherche la cause de leurs apparitions. Parmi les nombreuses explications qui ont été proposées pour rendre compte de la grande extension des glaciers, une seule lui paraît admissible : c'est celle qui est basée sur l'hypothèse, émise par Poisson, du mouvement de translation du système planétaire transporté, en vertu d'un mouvement d'ensemble, à travers l'espace céleste. Cette explication peut seule fournir les deux causes dont l'action concomittante favorise le développement des phénomènes glaciaires : une source de chaleur déterminant une évaporation abondante et fournie par le soleil qui a conservé pendant tous les temps géologiques à peu près la même puissance calorifique, et une cause de refroidissement due au passage du système planétaire à travers une région relativement froide. Par suite de ce refroidissement, l'eau évaporée tombe à la surface du globe, non à l'état de pluie, mais sous forme de neige. Cette explication est d'autant plus admissible qu'un abaissement de 7° dans la température moyenne suffirait pour ramener les glaciers des Alpes dans les environs de Lyon.

Géologie. — Article inséré, en 1881, dans le *Dictionnaire encyclopédique des sciences médicales* publié sous la direction du docteur Dechambre.

Paléontologie. — Article inséré, en 1882, dans le même dictionnaire.

Itinéraire géologique de Sixt à Chamonix par le Col d'Anterne (*Annuaire du Club alpin, 1882*). Cette notice a été écrite à l'occasion de la réunion du Club alpin à Chamonix.

Le col d'Anterne et les Fiz; terrains crétacé et nummulitique; Al. Brongniart. Eboulement de la Dérochée; démantèlement des Alpes. Considérations stratigraphiques sur les terrains anthraxifère, triasique et jurassique considérés dans les Alpes. Le Brévent et les Aiguilles-Rouges; schistes cristallins; les anciens glaciers; la période des moraines; les glaciers temporaires.

Excursion aux Voirons; vue du Mont-Blanc (*Annuaire de la Section du Jura du Club alpin, 1882*).

Huit jours dans l'Engadine et les Grisons (*Même annuaire, année 1882*). — Récit de voyage avec considérations géologiques.

Le Monument d'H.-B. de Saussure à Chamonix (*Même annuaire*). — Dans cette Notice, l'auteur considère de Saussure comme étant tout à la fois le premier alpiniste et un des fondateurs de la géologie. Rappelons que l'érection d'un monument à de Saussure fut décidée en 1882, dans la réunion du Club alpin à Chamonix, sur la proposition de M. Vézian.

STRATIGRAPHIE ET OROGRAPHIE SYSTÉMATIQUES.

De deux systèmes de soulèvement, tous les deux inédits et provisoirement désignés sous les noms de systèmes du Mont-Seny et du Mont-Serrat (*Comptes-Rendus de l'Académie des sciences, séance du 13 octobre 1856*).

Note sur une ligne stratigraphique observée dans le département de l'Hérault (*Comptes-Rendus, séance du 19 janvier 1857*).

Cette ligne a été considérée par l'auteur comme se rattachant à un système inédit qu'il a d'abord désigné sous le nom de système du Mont-Ventoux et plus tard sous celui de système du littoral du Languedoc; ce système s'est trouvé être perpendiculaire à celui des Açores, signalé par Elie de Beaumont.

Note sur le système de la Vallée du Doubs et de l'Albe de Souabe (*Comptes-Rendus, séance du 10 janvier 1859*).

Note sur un système stratigraphique perpendiculaire au système des Alpes Occidentales et datant de la même époque (*Comptes-Rendus, séance du 1er août 1859*). Ce système a été désigné sous le nom de système des Alpes-Maritimes.

Note sur les systèmes de la Margeride et des Vosges, respectivement perpendiculaires à ceux du Hundsrück et des Ballons (*Comptes-Rendus, séance du 9 janvier 1859*).

Elie de Beaumont n'a cité qu'un ou deux exemples de systèmes perpendiculaires entre eux ; il parait n'avoir attaché aucune importance à ces relations de direction ; il ne se préoccupait que de celles qui se trouvaient indiquées dans le réseau pentagonal. L'étude des quatre systèmes dont il est question dans cette note et celle des autres systèmes précédemment mentionnés a conduit l'auteur à admettre le principe en vertu duquel tous les systèmes stratigraphiques formeraient des groupes binaires, constitués par deux systèmes perpendiculaires entre eux et synchroniques.

Dans son *Rapport sur les progrès de la Stratigraphie en France,* Elie de Beaumont a mentionné les systèmes de soulèvement qui viennent d'être énumérés. « M. Alex. Vézian, dit-il, qui s'est beaucoup occupé de la mise en évidence des systèmes de montagnes, à laquelle il a appliqué des procédés cartographiques ingénieux, a signalé plusieurs systèmes nouveaux, tels que ceux du Mont-Serrat, du Mont-Seny, du littoral du Languedoc, de la vallée du Doubs, de la Margeride et des Vosges. » Le *Rapport sur les progrès de la Stratigraphie* a été publié en 1869 ; postérieurement à cette époque, M. Alex. Vézian a eu l'occasion de signaler un autre système dont il va être question.

Note sur le système de filons du Hundsrück (*Comptes-Rendus, séance du 23 juin 1870*).

Ce système diffère par son âge et son orientation de celui de

Hundsrück dont l'empreinte se trouve dans la même région. Ce fait démontre que, pour une même chaîne de montagnes, il n'y a pas toujours accord entre l'orographie et la stratigraphie, ou, en d'autres termes, entre le relief du sol et l'allure des strates.

La Théorie des systèmes de soulèvement, à propos du système du Mont-Seny (*Comptes-Rendus, 1877*).

Le système du Mont-Seny est celui dont l'empreinte est le plus nettement dessinée en France et dans les régions voisines. C'est ce qui a déterminé l'auteur à faire une monographie de ce système afin de convaincre les géologues, qui n'admettent pas la théorie des systèmes de soulèvement, que cette théorie est fondée sur des bases sérieuses et incontestables.

L'auteur rappelle le fait suivant. Après avoir constaté, par des observations relevées sur le terrain, l'existence du système du Mont-Seny en Catalogne et s'étant convaincu que l'empreinte de ce système se retrouvait dans d'autres contrées plus ou moins éloignées, il dut aborder la question du choix du grand cercle de comparaison du système qu'il venait de découvrir. Quelle ne fût pas sa surprise en voyant qu'Elie de Beaumont l'avait en quelque sorte tracé à l'avance sur son réseau pentagonal. C'était un grand cercle perpendiculaire à celui qui représente le système du Thuringerwald. Cette coïncidence n'était certainement pas l'effet du hasard et démontrait que la théorie des systèmes de montagnes ne pouvait être considérée comme une conception purement théorique.

En écrivant la monographie du système du Mont-Seny, M. Vézian a été conduit à reconnaître que toutes les lignes stratigraphiques qui le constituent ne datent pas de la même époque. Le parallélisme des lignes stratigraphiques n'entraîne donc pas leur synchronisme. L'auteur en conclut qu'il y a lieu de modifier la définition jusqu'à présent adoptée pour les systèmes de montagnes et d'admettre que les lignes stratigraphiques doivent se diviser en systèmes et en sous-systèmes : les systèmes comprenant toutes les lignes qui ont la même direction, les sous-systèmes résultant de la réunion des lignes qui non seulement ont la même direction, mais qui, en même temps, sont synchroniques. C'est ainsi que l'auteur est amené à diviser le système du Mont-Seny en sous-systèmes qu'il appelle sous-sytèmes de l'Euthe (Jura), de Belledonne, etc.

Des relations existant entre les systèmes du Hundsrück, de la vallée du Doubs et de l'Erymanthe (*Comptes-Rendus, 1878*).

Elie de Beaumont pensait que le système de la vallée du Doubs, signalé par M. Vézian, n'est qu'une récurrence de celui du Hundsrück. L'auteur s'est rallié à cette opinion, mais il a admis en même temps qu'il en était de même pour le système de L'Erymanthe. On aurait ainsi la contre partie du fait qui vient d'être signalé à propos du système du Mont-Seny. Tandis que le système du Mont-Seny se montre divisible en sous-systèmes, les systèmes du Hundsrück, de la vallée du Doubs et de l'Erymanthe passent, par rapport au système du Hundsrück, à l'état de sous-systèmes. Les sous-systèmes se distinguent d'ailleurs entre-eux, non seulement par leur âge, mais aussi par leur répartition géographique.

Les systèmes de montagnes, Elie de Beaumont et l'orographie systématique (*Annuaire du Club Alpin, année 1887*).

Dans ce travail, l'auteur a voulu donner une idée de ce qu'est l'orographie systématique, telle qu'elle se montre à lui en tenant compte soit des progrès de la science, soit des résultats auxquels ses recherches personnelles l'ont conduit.

Après avoir défini les lignes stratigraphiques en disant que ce sont celles qui, tout en étant en relation avec la structure de l'écorce terrestre, représentent la direction moyenne des accidents orographiques de la surface du globe, l'auteur montre comment les lignes se réunissent en groupes caractérisés par leur âge et leur direction. Les lignes ayant la même direction et datant de la même époque forment les sous-systèmes; les sous-systèmes se groupent en systèmes et ceux-ci se réunissent deux à deux pour constituer les systèmes binaires. Peut-on pousser plus loin ce groupement des systèmes? M. Vézian ne le pense; il a cessé de croire à la réalité du réseau pentagonal imaginé par Elie de Beaumont. L'observation ne permet nulle part de retrouver la trace de ce réseau et la théorie ne fournit aucun argument en faveur de son existence. Dans l'état actuel de nos connaissances, les systèmes de montagnes lui paraissent répartis au hasard à la surface du globe.

Le travail dont il est ici question comprend l'énumération des systèmes de montagnes actuellement connus dans l'Europe occidentale, avec leur orientation et l'indication de leur âge relatif; ces systèmes sont au nombre de quarante environ.

Ce travail montre ensuite comment les lignes stratigraphiques sont réparties à la surface du globe et comment elles se groupent, dans les chaînes de montagnes, pour leur imprimer leur forme caractéristique ou leur *symbole.*

En terminant, M. Vézian dit quelques mots des relations existant entre les systèmes de montagnes et les révolutions du globe. Quant aux causes qui président aux apparitions successives des systèmes de montagnes, leur recherche, dit-il, se dérobe jusqu'à présent à notre examen; nous n'avons pas encore à notre disposition de procédés d'auscultation qui permettent de savoir ce qui se passe dans les profondeurs de notre planète.

OROGRAPHIE GÉNÉRALE.

OROGÉNIE.

Les chaînes de montagnes (*Annuaire du Club alpin, 1878*).

Dans cet article, l'auteur décrit d'abord le mode de formation des chaînes de montagnes qu'il considère comme résultant d'impulsions partant de l'intérieur du globe et mettant en mouvement les masses éruptives. Celles-ci agissent dynamiquement contre l'écorce terrestre qu'elles soulèvent, déchirent et disloquent. L'auteur décrit ensuite la structure des chaînes de montagnes et leur mode de groupement pour former les massifs montagneux. Il recherche enfin comment finissent les chaînes de montagnes et il montre le rôle important joué par les agents atmosphériques dans leur destruction; il rappelle l'antagonisme qui existe entre les forces intérieures, ayant pour mission de faire surgir des inégalités à la surface du globe, et les agents extérieurs tendant toujours à effacer ces mêmes inégalités.

Esquisse d'une histoire géologique du Mont-Blanc (*Annuaire du Club alpin, année 1880*).

Les montagnes, comme toutes les choses de la nature, ont leur histoire et c'est l'histoire géologique du Mont Blanc que M. Vézian a voulu résumer dans cette notice; il a voulu, en même temps, rappeler et apprécier les travaux dont le massif, du Mont Blanc a été l'objet depuis de Saussure. Après avoir décrit la structure et la constitution géologique du Mont-Blanc, l'auteur énumère les diverses transformations que le massif dont cette montagne forme le point culminant a subies pendant la durée des temps géologiques.

A la fin de la période miocène, le massif alpin a été le siège de phénomènes orogéniques d'une grande énergie et de mouvements d'une amplitude excessive. C'est alors que le Mont Blanc a été porté à la hauteur d'où il domine le continent européen.

M. Vézian termine cette étude en décrivant l'aspect de la région du Mont Blanc à dater du moment où il a eu sa configuration actuelle, d'abord pendant la période pliocène, alors que ses flancs étaient recouverts d'une riche végétation, puis, pendant la période quaternaire, alors qu'une nappe de glace et de neige le recouvrait tout entier.

Les deux théories orogéniques (*Annuaire du Club alpin, année 1884*).

Deux théories orogéniques, diversement formulées et diversement comprises, se trouvent actuellement en présence. Elles correspondent à deux courants d'idées qui ont existé dans la science depuis le dix-septième siècle. Elles diffèrent par la cause première qu'elles invoquent et par le mode de manifestation qu'elles accordent aux actions orogéniques.

L'une de ces théories rattache la formation des chaînes de montagnes à des impulsions verticales dirigées de bas en haut et ayant leur origine ainsi que leur raison d'être dans la force d'expansion emmagasinée dans l'intérieur du globe. L'autre fait procéder les chaînes de montagnes de refoulements horizontaux et de pressions latérales dus, pour un grand nombre de géologues, aux contractions opérées dans l'écorce terrestre par suite du mode de refroidissement du globe. C'est cette dernière théorie qui est actuellement en faveur. L'auteur s'efforce de la combattre ; il pense que la faveur dont elle jouit n'est nullement justifiée et qu'elle ne pourrait que retarder les progrès de la science ; il exprime l'espoir de la voir bientôt abandonnée.

Les diverses questions relatives au mode de formation des montagnes se trouvent résumées dans un ouvrage qui est terminé et que M. Vézian va publier prochainement.

Les types orographiques (*Annuaire du Club alpin, année 1885*).

Dans ce travail, l'auteur revient d'abord sur la cause première de la formation des chaînes de montagnes; cette cause n'est autre que l'énorme force d'expansion emmagasinée dans le nucléus; il invoque à l'appui de sa manière de voir les idées formulées par M. Faye relativement à la constitution physique du soleil. Pendant toute la durée des temps géologiques, le nucléus a conservé presque toute sa force d'expansion. Ce qui a changé, c'est l'écorce terrestre dont l'épaisseur s'est accrue et dont la structure s'est modifiée; ce sont les roches éruptives dont la nature et le mode d'apparition se sont également modifiées. En tenant compte de ces changements, on est conduit à partager les groupes ou chaînes de montagnes en trois types correspondant à autant de modes orogéniques : Les *chaînes du premier type* ou *à axe anticlinal* (ce sont celles que M. Vézian avait spécialement en vue dans sa notice intitulée *Les chaînes de montagnes*, de sorte que le travail dont il est maintenant question complète celui qu'il avait publié précédemment); 2° les *chaînes du second type* ou *chaînes à strates diversement infléchies* ; 3° les *chaînes du troisième type* ou *chaînes à plateaux*.

L'auteur décrit chacun de ces trois types et mentionne les circonstances qui ont accompagné la formation des chaînes de montagnes qui leur appartiennent; il indique, en même temps, leur répartition géographique. Les chaînes du premier type sont les plus anciennes; leur caractère essentiel résulte de la part importante que les roches plutoniques ont prises dans leur édification; pour elles le phénomène éruptif et le phénomène orogénique se sont, en quelque sorte, confondus, et, comme au milieu de la période éocène, les éruptions plutoniques ont cessé, il ne s'est plus constitué de chaînes du premier type à dater de ce moment, tandis que les chaînes des deux autres types ont acquis plus d'importance.

Chaque massif montagneux résulte du groupement d'un nombre plus ou moins considérable de chaînes distinctes non seulement pour leur direction, leur âge et leur structure, mais aussi par le type auquel elles appartiennent. La nature, pour édifier chacun d'eux, s'est mise à l'œuvre à plusieurs reprises. On peut comparer un massif montagneux à un édifice construit à des époques successives et dont les divers étages différeraient entre eux par le style employé dans leur construction.

Les Montagnes des temps géologiques (*Annuaire du Club alpin, année 1888*).

Chaque montagne présente des caractères particuliers qui lui impriment sa physionomie et constituent en quelque sorte son individualité ; dans cette notice, M. Vézian recherche comment l'aspect des montagnes a varié d'une époque à l'autre. Bien que la nature n'ait pas cessé d'obéir aux mêmes lois générales, chaque période géologique a eu ses montagnes à elle, de même qu'elle avait sa flore, sa faune et ses phénomènes géologiques spéciaux.

Quelles causes sont intervenues pour imprimer à chaque montagne son aspect soit au moment même de sa formation, soit plus ou moins longtemps après son apparition ? Ce sont ces causes que l'auteur énumère dans sa notice et qu'il croit inutile de mentionner avec détails. A conditions égales, une montagne est d'autant plus élevée qu'elle date d'une époque plus récente. L'apparition de nouveaux terrains a également apporté un nouvel élément de variété dans la configuration des montagnes. Les changements climatologiques ont modifié la répartition des glaciers, etc.

GÉOLOGIE DU JURA.

Compte-Rendu de la Session extraordinaire de la Société Géologique de France, tenue à Besançon le 9 septembre 1860. La rédaction de ce compte-rendu avait été confiée à M. Vézian comme secrétaire de la session.

Le Jura pendant la première période glaciaire. Lecture faite lors de la séance solennelle de la Société d'Émulation du Doubs, le 14 décembre 1871.

Le Jura (*Annuaire du Club alpin, 1873*).

Considérations générales sur la configuration du Jura, sa structure, sa constitution stratigraphique et orographique, son histoire géologique.

Le Bassin jurassien et le Jura considéré comme fais nt partie d'une formation géogénique; *1874*. Sous le nom de *Bassin jurassien,* l'auteur désigne la région limitée par les Alpes, les Vosges et le Plateau central. Cette région a été pendant longtemps un centre de sédimentation où se sont déposés de nombreux terrains, quelques-uns lacustres, la plupart d'origine marine. L'auteur décrit les caractères généraux des formations qui se sont ainsi superposées les unes aux autres et dont une partie, en se détachant des masses voisines, est devenue le Jura. Ce mémoire est accompagné d'une planche montrant les déplacements successifs des mers, dans le bassin jurassien, depuis la période triasique jusqu'à la période pliocène.

Structure intérieure et configuration générale du Jura ; 1876. — Ce travail et celui qui vient d'être mentionné forment les deux premiers mémoires d'une série d'études géologiques que M. Vézian se proposait de publier sous le titre de JURA FRANC-COMTOIS ; des circonstances indépendantes de sa volonté l'ont mis dans l'obligation de suspendre momentanément l'œuvre qu'il avait entreprise.

Dans ce second travail, l'auteur énumère les caractères distinctifs du Jura considéré comme région naturelle et comme massif montagneux ; il décrit sa constitution géognostique et stratigraphique, sa structure intérieure et son relief ; mais ce qui attire surtout son attention, ce sont les failles et les soulèvements en voûte.

Il étudie avec détails les failles, il recherche quelles sont leur étendue, leur allure et leur direction dans le sens horizontal et dans le sens vertical ; il distingue les failles simples, les failles composées et les failles ramifiées ; il indique l'amplitude de leur rejet, les accidents stratigraphiques et topographiques auxquels elles donnent naissance, etc. Il se livre ensuite à une recherche analogue pour les soulèvements en voûte. Il poursuit ce travail en décrivant les relations qui existent entre les failles et les soulèvements en voûte et en indiquant l'âge et la répartition géographique des uns et des autres. Il montre notamment les failles plus nombreuses et plus fortement dénivelées dans le Jura occidental, tandis que les soulèvements en voûte apparaissent surtout dans le Jura oriental.

Dans le mémoire que nous analysons, M. Vézian considère les

failles et les soulèvements en voûte comme résultant, ainsi que les chaînes de montagnes, d'impulsions verticales ayant leur point de départ dans l'intérieur du globe et s'étant produites dans des conditions spéciales. Plus tard, s'inspirant des recherches et des expériences de M. Daubrée, il a été conduit à modifier, dans une certaine mesure, sa première manière de voir.

Dans un travail qu'il se propose de publier prochainement, M. Vézian établit une distinction entre les failles du *premier ordre* et celles du *second ordre ;* elles diffèrent entre elles par leur origine, leur importance, et leur allure.

Les failles du premier ordre traversent l'écorce terrestre tout entière, ou du moins, la traversaient au moment de leur formation ; leur direction moyenne se rapproche toujours de la verticale ; elles sont dues à une sorte de fissuration de l'écorce terrestre (faille à l'état latent), ordinairement accompagnée d'un dénivellement produit par les forces intérieures (faille dénivelée ou faille proprement dite). Ce sont ces failles qui existent dans le Jura occidental et les seules que M. Vézian ait considérées dans son Jura franc-comtois.

Pendant leur trajet souterrain, les failles du second ordre sont plus ou moins inclinées et se dirigent dans tous les sens ; leurs dimensions sont moindres ; elles résultent surtout des étirements, des pressions latérales et des contournements que l'enveloppe solide du globe a éprouvés. A ce type appartiennent probablement la plupart des failles du Jura oriental, celles des bassins houillers, etc.

Note à propos d'un débris de roche alpine rencontré sur le Mont-Poupet, près de Salins (Jura) (*Bull. Sect. du Jura du Club alpin, 1876).*

Les anciens glaciers du Jura (*Annuaire du Club alpin, année 1876).*

Excursion à la montagne de la Serre, près de Dole (Jura) (*Bull. Sect. du Jura, 1878*).

Le récit de cette excursion est accompagné de considérations géologiques sur la montagne de la Serre qui apparait, comme une oasis de terrains anciens, au milieu d'une nappe de terrain jurassique et qui établit un trait d'union entre les Vosges et le Morvan.

Les cailloux calcaires du terrain purbeckien ou dubisien du Haut-Jura (*Bull. Sect. du Jura*).

Revue de géologie jurassienne (*Bull. Sect. du Jura, 1882*).

Le Mont Poupet, étude orographique, par M. Boyer. — Description géologique et minéralogique du territoire de Belfort, par M. Parisot. — Le Callovien et l'Oxfordien dans le Jura par M. Choffat. — Que faut-il entendre par l'expression : *terrain résulien* ? — Les horizons de polypiers dans le terrain jurassique du Jura. — Les soulèvements en voûte du Jura ; expériences de M. Daubrée et de M. A. Favre.

Mouvements du sol qui se produisent actuellement dans le Jura et notamment aux environs du village de Doucier (Jura) (*Annuaire de la Section du Jura, 1882*).

Cette énumération des publications de M. Vézian sur le Jura ne peut donner qu'une idée insuffisante de l'importance de ses travaux sur la géologie des environs de Besançon et de la majeure partie de la Franche-Comté. Depuis qu'il occupe la chaire de géologie de la Faculté des sciences de cette ville, c'est-à-dire depuis trente ans, M. Vézian n'a pas cessé d'étudier le pays qu'il habite, se plaisant surtout à exposer devant ses auditeurs, soit dans ses cours, soit dans les excursions, le résultat de ses observations. Il a réuni ainsi de nombreux matériaux, et s'il n'a pas fait connaître jusqu'à présent le résultat de ses recherches, c'est parce que des moyens de publication convenables lui ont fait souvent défaut.

Besançon, imprimerie Dodivers.

www.ingramcontent.com/pod-product-compliance
Lightning Source LLC
La Vergne TN
LVHW010311230826
846091LV00007B/3096
9782329608174